¡EXPERIMENTA!

2

Un coche a reacción
y otros experimentos

LUZ Y SONIDO, MASA, FUERZAS DE ACCIÓN Y REACCIÓN,
ENERGÍA, QUÍMICA

JORDI MAZÓN

Dibujos:
Raquel Gu

ediciones
Lectio

ÍNDICE

INTRODUCCIÓN

La experimentación y la observación de los fenómenos que ocurren a nuestro alrededor son la base de la ciencia, esenciales para llegar a comprender el porqué y el cómo pasan las cosas. Este libro es la continuación de *Un submarino de aire*, donde en un segundo nivel de dificultad encontrarás una propuesta de experimentos cualitativos sencillos que te permitirán continuar en el fascinante mundo de la experimentación científica: la luz y el sonido, la masa, las fuerzas de acción y reacción, las fuerzas, la transformación de la energía mecánica, y las reacciones ácido-base de la química. No se trata de experimentos "espectáculo", sino de propuestas que permitan ayudar al conocimiento de conceptos relacionados con la ciencia.

Este libro va destinado, sobre todo, a niños y niñas de enseñanza secundaria, aunque en él tienen cabida todos los lectores con interés para la experimentación y la ciencia, independientemente de la edad. A pesar de que no es imprescindible tener unos conocimientos previos de ciencia para hacer los experimentos, ya que en cada experimento hay una pequeña explicación sobre el qué y el porqué de lo sucedido durante la experimentación, tenerlos puede ser de gran ayuda para comprender mejor el concepto y el experimento propuesto.

En los últimos años, la innovación en la educación de las ciencias se ha centrado en la aplicación de las nuevas tecnologías de una forma generalizada. La experimentación ha quedado en un segundo plano dentro de la innovación educativa. En este sentido, los experimentos y la metodología propuesta en este libro seguro que pueden ser vistos como innovadores para los más jóvenes, acostumbrados más a las *tablets* y a las aplicaciones digitales. Cada experimento se estructura de una forma similar, respondiendo a cuatro preguntas: ¿qué queremos demostrar?, ¿qué necesitamos?, ¿cómo lo hacemos?, y ¿qué y por qué ha pasado?, de modo que los más jóvenes puedan desarrollarse de forma autónoma e independiente. El material necesario para realizar los experimentos se puede conseguir sin dificultad, a un coste cero o muy reducido, y su ejecución no comporta ningún peligro especial. Sin embargo, siempre es aconsejable ir con cuidado.

JORDI MAZÓN
Febrero 2016

¡Los espejismos existen!

Los rayos de luz se propagan de forma rectilínea. En el aire los rayos de luz viajan a la máxima velocidad posible, 300.000 km/s. En otros medios, esta velocidad se reduce. Por ejemplo, en el agua la velocidad se reduce a unos 250.000 km/s. Cuando un rayo de luz cambia de medio, por ejemplo pasa del aire al agua, no sólo cambia su velocidad, sino que también lo hace su dirección de propagación: el rayo se tuerce. Es como si yendo en bicicleta por una carretera asfaltada de golpe entráramos en una carretera de arena de playa: nuestra bicicleta se frena y nos torcemos respecto a la dirección de la que veníamos. Algo parecido ocurre con los rayos de luz. Cuando un rayo pase de agua a aire, verá incrementada su velocidad de propagación, y su dirección también variará. Este fenómeno se denomina *refracción*, y es la base de la formación de fenómenos como los espejismos.

¿QUÉ QUEREMOS DEMOSTRAR?

El fenómeno de la refracción de la luz, y la formación de espejismos.

¿QUÉ NECESITAMOS?

- un bol opaco (un plato de sopa, por ejemplo)
- agua
- una moneda

¿CÓMO LO HACEMOS?

[1] Sitúa la moneda en el fondo de un cuenco opaco, por ejemplo un plato.

[2] Sitúate de tal forma que observes el borde del plato, tal y como indica el dibujo. La moneda será totalmente invisible.

[3] Llena el plato de agua, hasta que prácticamente rebose, con la moneda en el fondo. Vuelve a observar el borde del plato, como lo has hecho anteriormente.

[4] Si observas la moneda, intenta tocarla con el dedo. Comprueba si realmente está donde la ves.

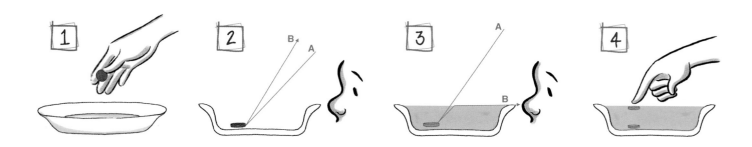

¿QUÉ Y POR QUÉ HA PASADO?

Con el plato sin agua, los rayos de luz de la moneda nos son invisibles porque las paredes del plato nos impiden su observación. Al llenar el plato de agua, los rayos de luz de la moneda viajan por el agua, y al llegar a la superficie pasan a un medio diferente, el aire, donde su velocidad se incrementa y su dirección es desviada. Algunos de estos rayos son desviados de forma que viajan por encima de la superficie del agua y llegan a nuestra pupila, y por lo tanto se hacen visibles. Nuestro ojo percibe la moneda flotando sobre la superficie del agua, cuando en realidad sigue en el mismo lugar, en el fondo del plato. Estás observando un espejismo.

Caja de humo

Los rayos de luz son ondas electromagnéticas que se propagan por el aire, siguiendo una trayectoria rectilínea. Su recorrido se puede intuir en determinadas circunstancias, como en el interior de una caja de humo.

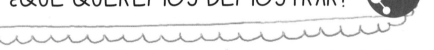

¿QUÉ QUEREMOS DEMOSTRAR?

La trayectoria rectilínea de la luz, y los fenómenos de reflexión y refracción.

¿QUÉ NECESITAMOS?

- una caja de zapatos
- tijeras
- papel film de plástico
- pegamento o cinta adhesiva
- rotuladores o pintura negra
- incienso
- una linterna

¿CÓMO LO HACEMOS?

[1] Recortando, haz una gran ventana en la tapa y en una de las caras de una caja de zapatos. Tapa estas ventanas con un papel film transparente, fijándolo con pegamento o cinta adhesiva, y procura que queden bien tensas y sin orificios. Pinta el interior de la caja de color negro, para evitar reflexiones, excepto la cara del fondo, donde puedes pegar un cuadrado de papel blanco que cubra buena parte de la cara. En la cara opuesta haz tres orificios pequeños, lo más igual y redondos posible, de unos 5 mm de diámetro. Introduce humo en la caja, encendiendo el incienso.

[2] Cuando la caja esté llena de humo, oscurece la habitación e ilumina los tres orificios con una linterna, ubicada a aproximadamente 1 metro de distancia. Observa lo que sucede.

[3] Coloca un espejo en el interior de la caja, inclinado, como indica el dibujo, y observa lo que sucede.

[4] En un pequeño frasco, preferiblemente de caras triangulares, llénalo de agua y échale unas gotas de leche entera.

[5] Introdúcelo en la caja llena de humo, y observa la trayectoria de los rayos de luz.

¿QUÉ Y POR QUÉ HA PASADO?

El humo hace visible la trayectoria de los rayos de luz por el interior de la caja. Observaremos como al introducir el espejo inclinado los rayos se reflejan con un ángulo igual al incidente (*reflexión*). En el frasco, los rayos cambian de dirección una vez penetran dentro del medio que contiene el frasco (*refracción*).

Cámara casera

El desplazamiento rectilíneo de la luz ha sido utilizado para construir artilugios ópticos, como por ejemplo las cámaras de fotos.

¿QUÉ QUEREMOS DEMOSTRAR?

Que la luz viaja en línea recta y cómo funciona una cámara.

¿QUÉ NECESITAMOS?

- un bote de yogur o vaso de cartón
- una chincheta
- rotulador o pintura negra
- papel vegetal (también puede servir una hoja de papel fino)
- una vela

[1] Pinta de negro el interior del vaso de cartón o el bote de yogur. Reducirá las reflexiones de la luz en el interior.

[2] Haz un agujero en la base del vaso con la chincheta, que hará la función de lente. Procura que el agujero sea limpio y redondo.

[3] Coloca en la boca del vaso el papel vegetal, de forma que quede bien tenso. Éste hará la función de pantalla. Fíjalo con pegamento o con una goma elástica, como indica el dibujo. Enciende la vela y oscurece la habitación.

[4] Sitúa el bote encarando el orificio (la lente) hacia la vela, a unos 50 cm de la misma. Observa lo que ves en la pantalla. Una vez hecho esto, saca tu cámara de yogur al aire libre, un día soleado. Cúbrete la cabeza con un paño de forma que sólo el agujero de la cámara esté expuesto a la luz. Observa lo que ves en la pantalla.

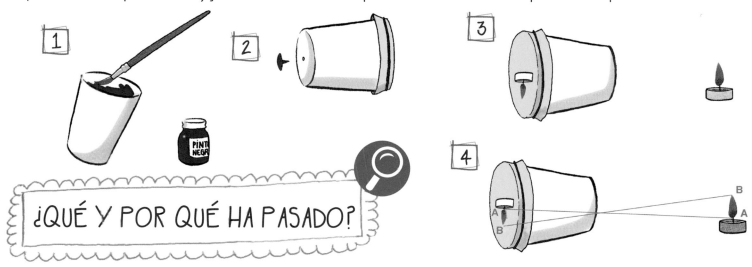

¿QUÉ Y POR QUÉ HA PASADO?

La luz se propaga en línea recta. Los rayos de luz de la parte superior de la llama de la vela, una vez atraviesan el orificio del vaso, llegan a la pantalla y forman una imagen invertida, ya que los rayos de la base de la llama focalizan por encima, tal y como muestra el dibujo.

¿Sabías que nuestro ojo funciona de una forma similar a este visor que has construido? El agujero que atraviesa la luz es la pupila, y la pantalla donde se forman las imágenes es la retina. Las imágenes que se forman en nuestro ojo también son invertidas, como las del visor que has construido. El nervio óptico y el cerebro dan la vuelta a esta imagen, y hace que las veamos del derecho.

Los colores del cielo

El cielo es de color azul al mediodía, y de color más bien rojizo cuando el Sol se encuentra bajo en el horizonte, al amanecer y al atardecer. Esto es así porque la luz blanca del Sol, al llegar a la atmósfera, es dispersada por los gases de ésta. Dicha dispersión depende de la longitud de onda de la luz, es decir, del color, y es mucho mayor en el azul que en el rojo y el resto de los siete colores primarios de la luz blanca. Al mediodía, cuando el Sol se encuentra en el punto más alto del cielo, los rayos solares recorren un espesor menor de atmósfera que al amanecer o al atardecer, y sólo hay margen para dispersar el color azul, que llena el cielo. En cambio, cuando el Sol está bajo en el horizonte, recorre más espesor de atmósfera y puede dispersar todo el azul así como el resto de colores, incluido el rojo. Entonces el cielo toma tonalidades rojizas.

¿QUÉ QUEREMOS DEMOSTRAR?

La dispersión de los colores en la atmósfera terrestre.

¿QUÉ NECESITAMOS?

- una linterna de luz blanca
- una pecera con agua (puede ser también una fiambrera larga)
- leche entera

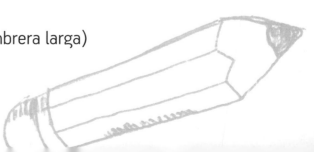

¿CÓMO LO HACEMOS?

[1] Llena de agua la pecera (o la fiambrera). Sitúa en el lateral de la pecera una linterna y enciéndela de manera que ilumine el interior de la pecera. Observa desde la parte frontal la tonalidad que adquiere el agua del interior de la pecera, y el color de la mancha luminosa que se proyecta en la pared una vez el rayo de luz salió de la pecera.

[2] Disuelve unas gotas de leche en el agua, y repite la observación. ¿De qué color es la mancha luminosa proyectada en la pared? Observa también si hay cambio en el color del rayo luminoso que atraviesa la pecera, y si la tonalidad del agua cambia.

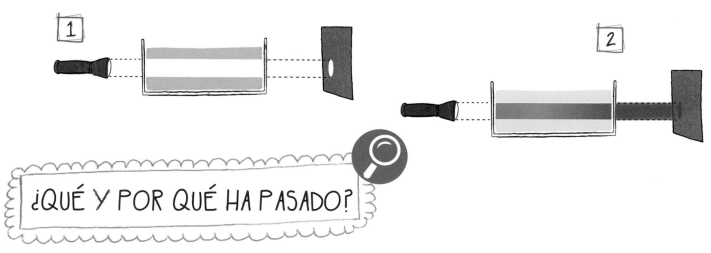

¿QUÉ Y POR QUÉ HA PASADO?

Observarás que, al añadir unas gotas de leche, el agua de la pecera aparece de tonalidad azulada cuanto más cerca de la linterna, y más rojiza cuanto más alejada, de modo que es prácticamente de color rojo en el extremo opuesto. La mancha de luz proyectada en la pared es rojiza, en vez de blanca cuando no había leche disuelta en el agua. Esto es así porque las partículas de la leche dispersan los rayos de luz de una forma similar a como lo hacen las moléculas en la atmósfera. El color azul es el que primero se dispersa, y cuando éste ya se ha dispersado lo empieza a hacer el resto de colores, que al mezclarse entre sí dan las diferentes tonalidades que podemos observar al atardecer, cuando se pone el Sol. El último de los colores en dispersarse es el rojo, por eso observamos el agua de un color rojizo en el extremo opuesto de la pecera.

Tambor de aire

El aire que nos rodea está formado por moléculas. Al producirse un sonido (cuando hablamos, por ejemplo), las moléculas del aire vibran hacia adelante y hacia atrás, chocando entre sí, y transmiten el sonido en la dirección de propagación de la onda. Decimos que el sonido es una onda longitudinal. Este movimiento de vibración se transmite en línea recta, y ejerce una fuerza sobre los objetos. Esto lo comprobamos, por ejemplo, cuando oímos un ruido: el aire que llega ejerce una fuerza sobre nuestro tímpano, que es traducido por nuestro cerebro en un ruido. Para que este ruido sea audible para nuestro oído, las moléculas del aire deben vibrar ¡entre 20 y 20.000 veces por segundo! Por encima y por debajo se dice que son ultrasonidos e infrasonidos, respectivamente.

¿QUÉ QUEREMOS DEMOSTRAR?

Comprobar el movimiento del aire provocado por un sonido.

¿QUÉ NECESITAMOS?

- una botella de 1,5 litros
- tijeras
- una bolsa de plástico
- una goma elástica
- una vela

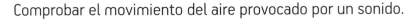

[1] Corta la base de la botella. Cúbrela con un trozo de plástico, tal y como muestra la figura. Asegura la bolsa de plástico con una goma elástica. Será nuestro tambor.

[2] [3] Enciende la vela y sitúa la boca de la botella a unos 2 o 3 cm de la vela. Da golpes secos con los dedos en el tambor, y observa el movimiento de la llama.

¿QUÉ Y POR QUÉ HA PASADO?

Cuando golpeamos la superficie de plástico que hace de tambor, las partículas de aire del interior de la botella vibran. Esta vibración del aire se transmite hacia la llama, como podemos observar con una oscilación de la llama. Si los golpes son suficientemente intensos, la llama puede llegar a apagarse.

Teléfono de yogures

El sonido no sólo se transmite por el aire, sino que lo hace en cualquier medio material. La velocidad de propagación del sonido también cambia en diferentes medios. Así en el aire la velocidad del sonido a unos 20 °C y a nivel de mar es de unos 340 m/s, de unos 1.500 m/s en el agua y de unos 5.900 m/s en el acero. Aprovechando esta propiedad, el sonido se puede transmitir rápidamente por medio de un cable.

¿QUÉ QUEREMOS DEMOSTRAR?

Que el sonido se puede transmitir por un sólido.

¿QUÉ NECESITAMOS?

- dos botes de yogur
- un alfiler
- un hilo largo de pescar

¿CÓMO LO HACEMOS?

[1] Con el alfiler, haz un pequeño agujero en la base de los dos botes de yogur. Pasa el hilo de pescar por cada una de las bases, y haz un nudo para que no se escape, según indica el dibujo. Puedes añadir, si lo crees oportuno, un poco de cinta para evitar que el hilo se escape.

[2] Tira del hilo con la ayuda de un compañero, de forma que éste quede tenso.

[3] Habla bajito dentro de uno de los botes de yogur, e indica a tu compañero que se ponga el bote de yogur en la oreja, como si fuera un auricular de un teléfono.

¿QUÉ Y POR QUÉ HA PASADO?

El sonido de tu voz hace vibrar las moléculas del aire del interior del yogur, y éstas hacen vibrar la base del bote de yogur, como si fuera una membrana. Esta vibración se transmite al hilo de pescar, y éste se transmite rápidamente por el hilo hasta el otro bote de yogur. Entonces se produce un proceso inverso: la vibración transmitida por el hilo se transmite a la base del yogur, y esta vibración se transmite al aire del interior del bote, el cual llega al tímpano de tu compañero.

El huevo perezoso

La masa es una magnitud fundamental de la física, también conocida como *coeficiente de inercia*, que indica el grado de resistencia que tiene un cuerpo para cambiar su estado de movimiento. Cuanta más masa tiene un cuerpo, más le cuesta cambiar su estado de movimiento. Es decir, cuanto más masivo es un objeto, más le cuesta acelerar si está parado, o bien detenerse si está en movimiento.

¿QUÉ QUEREMOS DEMOSTRAR?

El concepto físico de la masa.

¿QUÉ NECESITAMOS?

- un frasco de vidrio largo (puede servir un vaso de tubo)
- un plato de aluminio o plástico, o bandeja (que no se rompa al caer al suelo)
- un rollo de cartón del papel de WC o de cocina
- un huevo fresco

[1] Llena el vaso de agua. Coloca encima el plato o la bandeja, y encima de éste, el cartón del rollo de papel vacío. Procura que éste quede centrado, justo en el centro del vaso. Encima del cartón coloca el huevo.

[2] Da un golpe seco, con decisión y sin miedo, a la bandeja.

[3] Observa lo que ocurre.

¿QUÉ Y POR QUÉ HA PASADO?

Al dar un golpe seco en el plato, éste sale disparado. El huevo, en cambio, al tener masa, presenta una resistencia a cambiar su estado de reposo, y no sigue el movimiento rápido del plato. El huevo se queda suspendido en el aire y, por lo tanto, al no tener ningún medio que lo sustente, acaba cayendo verticalmente, dentro del vaso lleno de agua. Podríamos decir que es un huevo que tiene pereza a moverse.

Silla de masas (I)

Cuanto más masivo es un cuerpo, más le cuesta cambiar su estado de movimiento: más le cuesta acelerar si está en reposo, y más le cuesta frenar si ya tiene movimiento. Al aplicar una misma fuerza a un objeto masivo y a otro ligero, este último tiene una aceleración mayor que el masivo. La fuerza y la aceleración están relacionadas linealmente, mediante la segunda ley de Newton. La proporción entre la fuerza aplicada y la aceleración alcanzada es el denominado *coeficiente de inercia*, más conocido como *masa*.

¿QUÉ QUEREMOS DEMOSTRAR?

Que los cuerpos masivos aceleran más lentamente que los menos masivos al aplicarles una misma fuerza.

¿QUÉ NECESITAMOS?

- una silla con ruedas, del tipo de las de oficina
- tres o cuatro personas

[1] Siéntate sobre la silla con ruedas y colócate delante de una pared. Quítate los zapatos y apoya los pies sobre la pared, encogiendo las piernas, como indica el dibujo.

[2] Al dar un impulso con las piernas sobre la pared, la silla y tú saldréis impulsados atrás. El motivo por el que sales atrás si haces la fuerza adelante se tratará en el experimento de la página 28.

[3] Repite el mismo proceso pero ahora coloca sobre ti un compañero. Vuelve a dar el mismo impulso contra la pared que has hecho anteriormente. Procura hacer la misma fuerza que has hecho antes. No empujes con más fuerza, intenta que sea la misma.

[4] Repítelo con otro compañero encima suyo. Procura hacer siempre la misma fuerza sobre la pared que has hecho al comienzo.

¿QUÉ Y POR QUÉ HA PASADO?

A medida que incrementas la masa sobre la silla con tus compañeros, ésta sale atrás más lentamente después del impulso que le has dado con los pies. Esto es así porque, al tener más masa, el conjunto silla-personas tiene más inercia y, por lo tanto, más resistencia a cambiar su estado de reposo.

Tentempié de ping-pong

Todos los objetos tienen un centro de gravedad, en el que un objeto se equilibra, y podríamos decir que tiene toda su masa concentrada en ese punto. Los objetos que tienen el centro de gravedad alto tienden a caerse, ya que el centro de gravedad siempre tiende a estar lo más bajo posible. Por eso los cuerpos estables tienen el centro de gravedad bajo, como los tentempiés.

¿QUÉ QUEREMOS DEMOSTRAR?

La estabilidad de los cuerpos con el centro de gravedad bajo.

¿QUÉ NECESITAMOS?

- una pelota de ping-pong
- tijeras
- cinta adhesiva
- cartulina
- plastilina

[1] Corta una sección de la pelota de ping-pong, tal y como indica el dibujo, de forma que te quede un poco más que una semiesfera hueca.

[2] Haz un cilindro con la cartulina, y adhiérela a la pelota de ping-pong con la ayuda de la cinta, de forma que ya tienes tu tentempié. Puedes, si quieres, decorarlo. Déjalo sobre una mesa y dale un empujón suave. Observa lo que pasa.

[3] Introduce en el fondo de la pelota un taco de plastilina, lo más compacto posible y lo más al fondo dentro del cilindro de la pelota de ping-pong.

[4] Con los dedos reparte la plastilina por el fondo. Deja tu tentempié sobre una mesa, y dale un empujón pequeño.

[5] Compara el movimiento que hace con el que hacía antes de introducir la plastilina.

¿QUÉ Y POR QUÉ HA PASADO?

Sin plastilina en la base, el centro de gravedad del tentempié se encontraba aproximadamente en la mitad de éste (indicado en el dibujo con una X blanca), y se gira con mucha facilidad cuando se le da un pequeño golpe. Al introducir plastilina en el fondo, el centro de gravedad disminuye (la X verde del dibujo), de forma que se mantiene más estable al darle un empujón horizontal. Es por esta razón que los veleros tienen el centro de gravedad muy bajo, y pueden navegar prácticamente de lado sin tumbarse.

Caja de antigravedad

El movimiento de caída de los cuerpos se produce porque el centro de gravedad de éstos tiende a ir hacia la altura más baja, donde adquieren menor energía potencial gravitatoria, y, por lo tanto, un equilibrio estable. Esto a veces puede generar movimientos curiosos de subida.

¿QUÉ QUEREMOS DEMOSTRAR?

Que el centro de gravedad de los cuerpos tiende a ir hacia alturas menores.

¿QUÉ NECESITAMOS?

- una caja en forma de cilindro (de galletas, por ejemplo)
- trozos de chatarra o plomo
- una bolsita
- cinta
- un plano inclinado (puede ser un carpeta inclinada)

¿CÓMO LO HACEMOS?

[1] [2] Abre la caja de galletas y en uno de los lados adhiere con la ayuda de la cinta un buen trozo compacto de masa: hierro, plomo... Puedes, por ejemplo, ponerlo en una bolsita de plástico llena de chatarra. Cuanto más masiva sea esta bolsa ocupando un volumen pequeño, mucho mejor. Asegúrate de que quede bien pegada.

[3] Haz una marca en la parte exterior de la caja, justo allí donde has colocado estas masas. Tapa la caja. Coloca la caja de manera que la señal que has hecho quede en la parte más alta posible, y déjala en libertad. Observa lo que sucede.

[4] Coloca ahora la caja, con la señal en la parte superior, justo delante de un plano inclinado. Puedes hacer este plano con una carpeta, o bien puede ser también una rampa pequeña. Suelta la caja y observa lo que sucede.

¿QUÉ Y POR QUÉ HA PASADO?

Al colocar una masa adicional en la periferia de la caja, el centro de gravedad de ésta deja de estar en el centro y se desplaza ligeramente hacia la periferia. Esto hace que, cuando pongas la caja con las masas en la parte superior, el centro de gravedad de la caja no esté en su punto más bajo. Entonces se inicia un movimiento de caída, y la caja empieza a rodar. Si delante hay una pequeña rampa, observarás como la caja sube por la rampa, pero en el fondo el centro de gravedad está bajando, para situarse en el punto más bajo posible, donde se encuentra en un equilibrio estable.

Coche de aire comprimido

La tercera ley de Newton establece que cuando una fuerza actúa sobre un cuerpo (denominada *acción*), este cuerpo reacciona con una fuerza idéntica pero de sentido contrario (denominada *reacción*). Siempre que hay una acción debe existir una reacción.

¿QUÉ QUEREMOS DEMOSTRAR?

La comprobación de la tercera ley de Newton.

¿QUÉ NECESITAMOS?

- una botella de plástico de 33 cl
- tres o cuatro pajitas de refresco
- cuatro tapones de botella de plástico
- dos palos de pinchito
- cinta adhesiva
- uno o dos globos
- un punzón

[1] En el lomo de la botella haz una pequeña ventana, de 2 × 2 cm, aproximadamente. Con la ayuda del punzón, haz un agujero en el centro de cada uno de los cuatro tapones. Procura hacerlos centrados, y que los tapones sean iguales.

[2] Estira dos de las cañitas, e introduce los palos de pinchito. Éstos deben poder girar sin rozamiento dentro de las cañitas. Introduce en los extremos de los palos de pinchito los tapones, que harán el papel de las ruedas, tal y como muestra el dibujo. Con la cinta, pega las cañitas a la botella, dejando la apertura que has hecho en la parte de arriba. Comprueba que las cuatro ruedas (tapones) tocan el suelo simultáneamente, y que no hay juego. Ata el globo a la otra cañita, y comprueba que cuando lo hinches soplando por la caña, el aire no se escapa por la unión.

[3] Pasa la caña y el globo por la ventana de la botella, como muestra el dibujo, de forma que el globo quede sobre la botella. Infla el globo soplando por la caña, que sale por la boca de la botella.

[4] Una vez el globo esté lleno de aire déjalo que salga por la caña y observa lo que sucede. Si ves que no se mueve, o lo hace muy lentamente, prueba de introducir otra cañita con otro globo adherido. Hínchalos simultáneamente.

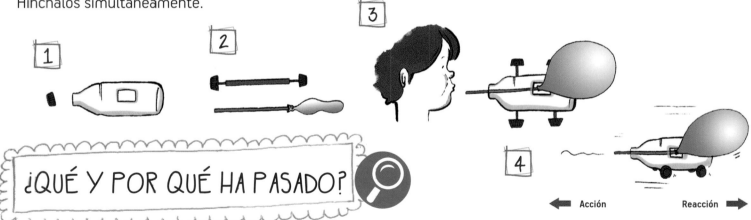

Acción   Reacción

¿QUÉ Y POR QUÉ HA PASADO?

Al salir el aire por la cañita de refresco, éste ejerce una fuerza sobre el aire. A esta acción le corresponde una reacción en sentido contrario, es decir, el aire ejerce una fuerza sobre el coche y éste avanza hacia adelante.

Ahora que ya tienes un coche que se impulsa con aire, puedes comprobar como, para diferentes volúmenes de aire introducido en el globo, el cochecito recorre más o menos distancia.

Platillo resbaladizo

Las fuerzas de acción y reacción aparecen en multitud de fenómenos físicos de nuestro alrededor, y son aprovechadas también en multitud de aplicaciones. Aquí las aplicaremos para deslizar un pequeño platillo sobre el suelo, disminuyendo la fuerza de rozamiento.

¿QUÉ QUEREMOS DEMOSTRAR?

Las fuerzas de acción y reacción.

¿QUÉ NECESITAMOS?

- un CD
- una botella de plástico
- tijeras
- cinta adhesiva
- un globo

[1] Con las tijeras corta el cuello de una botella, y haz cortes longitudinales, como muestra la figura.

[2] Aplasta el cuello de la botella con fuerza, de forma que los cortes que has hecho abran, procurando que el orificio de la botella coincida con el del CD. Con la cinta adhesiva, ve pegando la botella en el CD. Es muy importante que quede bien pegada, y que cuando soples por la parte opuesta del CD el aire no se escape por la junta, y salga todo por el orificio de la botella.

[3] Coloca el globo en el cuello de la botella, como muestra el dibujo.

[4] Sopla e hincha el globo por la cara opuesta del CD. Cuando esté bien inflado, haz un pequeño retorcimiento al globo para obstruir momentáneamente el paso del aire. Coloca el CD deslizante sobre una superficie lisa y empuja suavemente adelante. Observa lo que sucede.

¿QUÉ Y POR QUÉ HA PASADO?

El aire del globo sale por la parte opuesta del CD, ejerciendo una fuerza sobre las moléculas del aire y el suelo (acción). Según la tercera ley de Newton, a toda acción le corresponde una reacción, y consiguientemente aparece una fuerza idéntica pero de sentido contrario que sustenta ligeramente el CD, y le hace reducir la fuerza de rozamiento con el suelo. Al darle un empujón inicial al platillo, éste se desplaza con relativa facilidad por el suelo, pues la fuerza de reacción reduce el rozamiento.

Silla de masas (II)

La reacción a una fuerza queda evidenciada cuando la reacción tiene efectos mucho más importantes que la acción, como en el experimento que se propone.

¿QUÉ QUEREMOS DEMOSTRAR?

Que no siempre la acción-reacción genera movimiento en los dos cuerpos.

¿QUÉ NECESITAMOS?

• una silla con ruedas tipo de oficina

[1] Siéntate en la silla con ruedas, colocado delante de una pared. Quítate los zapatos, y apoya los pies sobre la pared, encogiendo las piernas, como muestra el dibujo e hiciste en el experimento de la página 18.

[2] Da un impulso con fuerza contra la pared, y observa hacia dónde te mueves.

[3] Repítelo varias veces, con diferentes intensidades de la fuerza que ejerces sobre la pared, y observa qué sucede con tu aceleración, y la de la pared.

¿QUÉ Y POR QUÉ HA PASADO?

La tercera ley de Newton establece que, cuando se aplica una fuerza sobre un objeto (acción), éste reacciona con una fuerza idéntica pero de sentido contrario (reacción). Al aplicar con tus pies una acción sobre la pared, ésta reacciona con una fuerza idéntica a la que tú haces sobre la pared, pero esta vez aplicada sobre ti. Por esta razón la silla se va para atrás.

Cuanto mayor sea esta acción, mayor será la reacción, y, por lo tanto, más rápidamente saldréis tú y la silla hacia atrás. Si en vez de hacerlo sobre una silla con ruedas lo hicieras sentado en una silla sin ruedas, la fuerza de fricción entre las patas de la silla con el suelo impediría que esta reacción se manifestara, y permanecerías estático. El hecho de que la silla tenga ruedas es para minimizar la fuerza de rozamiento con el suelo. La pared, en cambio, permanece impasible, ya que su gran masa y el hecho de estar sólidamente adherida al suelo dificultan (por suerte) su movimiento.

Cohete de cerilla

En una determinada ocasión el alumno Guillem Olivella me sorprendió con este experimento lanzando un cohete hecho con papel de aluminio y una cerilla. Las fuerzas de acción y reacción nuevamente tienen la clave en la explicación. Los gases que se producirán en la combustión súbita del fósforo harán despegar el cohete al generar una reacción sobre las moléculas del aire.

¿QUÉ QUEREMOS DEMOSTRAR?

La comprobación de la tercera ley de Newton.

¿QUÉ NECESITAMOS?

- 2 o 3 trozos de papel de aluminio
- una cerilla de tamaño grande o mediano
- tijeras
- un mechero

[1] [2] Antes que nada, coge las tijeras y corta la parte del fósforo de color rojo (es la parte que contiene el fósforo). Cortarlo te puede resultar un poco difícil porque la madera es dura, no dudes en pedir ayuda a un adulto.

[3] A continuación, corta un trozo de papel de aluminio de aproximadamente 3 dedos de ancho por 5 de largo.

[4] Pon el trozo de la cerilla con fósforo a un centímetro de distancia de la esquina superior del papel y enróllalo de tal manera que obtengas un rollo de papel de aluminio con el trozo de fósforo dentro y un centímetro del extremo superior.

[5] Gira sobre sí misma la parte del papel de aluminio que está por encima del fósforo para taparlo y asegurarte de que no se escapará por arriba, pero deja intacta la parte del tubo de aluminio que está por debajo del fósforo. Ahora ya sólo falta preparar el lanzamiento:

[6] Dispón el cohete inclinado con la punta mirando al cielo. Para aguantarlo, puedes utilizar un montón de papeles de periódico o un clip deformado en forma de M, tal y como se muestra en el dibujo.

[7] Coge el mechero y pon la llama tocando el papel de aluminio en la zona donde está el fósforo. Observa lo que ocurre.

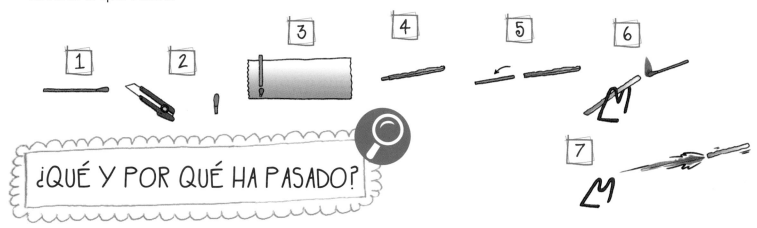

¿QUÉ Y POR QUÉ HA PASADO?

Cuando la llama del mechero ha calentado el fósforo de la cerilla, éste se enciende repentinamente y emite gases con mucha fuerza que salen por la parte trasera del cohete. Como ocurre en los cohetes de verdad, el tubo de papel de aluminio ha experimentado una fuerza igual pero en sentido contrario a la de los gases, y ha despegado. Es la tercera ley de Newton, o de acción-reacción.

Cohete de agua

Siguiendo con los cohetes, Èric Valls, compañero de clase de Guillem de la promoción Cosmos, propone lanzar cohetes de agua aprovechando la comprobada tercera ley de Newton, y la conservación de la cantidad de movimiento.

¿QUÉ QUEREMOS DEMOSTRAR?

La tercera ley de Newton y la conservación de la cantidad de movimiento.

¿QUÉ NECESITAMOS?

- una botella de agua vacía (mejor de 1,5 litros)
- un tapón de corcho de cava
- una cámara de bicicleta
- un bombín
- agua
- un sacacorchos
- tijeras

[1] La pieza más especial para poder hacer el lanzamiento del cohete es su tapón. [2] Para hacerlo coge un tapón de cava, y rebaja la parte de encima hasta que te quede un tapón cilíndrico de lado no paralelo, como indica la figura. Con un sacacorchos agujerea el tapón de arriba abajo, procurando que esté centrado. [3] Paralelamente, recorta la válvula de una cámara de bicicleta, hasta que te quede sólo la válvula, como indica la figura. [4] Introduce la válvula en el orificio que has practicado en el tapón, en la base que tiene un diámetro mayor. Procura que el tapón entre a presión. Por ello es aconsejable que el agujero que has hecho no sea muy grueso. Puedes poner un poco de pegamento de impacto alrededor, para evitar que por la junta haya pérdida de aire.

[5] Una vez tengas este montaje hecho, llena un tercio del volumen de la botella con agua, y coloca el tapón a presión, cuanto más fuerte mejor, como indica la figura. [6] Conecta al tapón el bombín, gira la botella boca abajo y mancha aire hacia dentro de la botella. Es importante aguantar el tapón de corcho, y no la botella. [7] Espera y observa lo que pasa.

¿QUÉ Y POR QUÉ HA PASADO?

El incremento de presión del aire dentro de la botella ejerce una fuerza sobre el agua, haciendo saltar el tapón hacia abajo. El agua entonces sale disparada hacia abajo, generando una fuerza sobre el aire, el cual reacciona y ejerce una fuerza sobre la botella hacia arriba. La botella se eleva a gran velocidad. Es la ya estudiada tercera ley de Newton.

La fuerza de los libros

Cuando una superficie se mueve en contra de otra aparece la fuerza de fricción, que se opone al movimiento. Para entender de dónde surge la fuerza de fricción, debemos tener una visión a escala atómica. A este nivel, los cuerpos no son lisos, sino que las superficies de ambos cuerpos presentan irregularidades, las cuales encajan las unas con las otras. Al desplazarse un cuerpo respecto a otro, el encaje de estas irregularidades ejerce globalmente una fuerza que se opone al movimiento. Macroscópicamente lo notamos con la aparición de una fuerza de rozamiento.

¿QUÉ QUEREMOS DEMOSTRAR?

La fuerza de fricción.

¿QUÉ NECESITAMOS?

• dos libros gruesos que tengan aproximadamente el mismo número de páginas

La paciencia es la base de la ciencia, y en este experimento necesitarás un poco para prepararlo.

[1] [2] Intercala las hojas de dos libros gruesos, que contengan el mismo número de páginas. Los antiguos listines telefónicos son ideales. Si te cansas de intercalar, no hace falta que lo hagas página a página, sino que puedes ir saltando e intercalando varias páginas. Lo importante es que al final tengas todas las páginas del libro intercaladas.

[3] Una vez intercaladas, busca un compañero o compañera y tirad los dos de los libros, en sentido contrario, intentando separarlos.

¿QUÉ Y POR QUÉ HA PASADO?

Al tirar de los libros en direcciones opuestas, el encaje de las irregularidades atómicas entre las hojas intercaladas generará una fuerza de fricción entre ellas, de modo que no se desplazarán. Al haber multitud de hojas intercaladas, la fuerza de fricción entre estas hojas se incrementa, y el resultado final es una fuerza de fricción muy elevada. Verás que por mucho que tires de ellas no puedes separar los libros. Deberás desintercalar todas las páginas para poder separarlos.

La unión hace la fuerza

La fuerza de rozamiento está presente en nuestra vida diaria: no resbalamos al caminar porque la fuerza de fricción lo evita; el lápiz no nos resbala de los dedos cuando escribimos porque esta fuerza lo impide contrarrestando la fuerza que hacemos contra el papel. Cada una de las interacciones atómicas que acaban creando la fuerza de rozamiento son, individualmente, despreciables, pero el conjunto de la multitud de interacciones atómicas acaba generando una gran fuerza.

¿QUÉ QUEREMOS DEMOSTRAR?

Que la fuerza de rozamiento global está causada por la suma de pequeñas fuerzas de rozamiento individuales.

¿QUÉ NECESITAMOS?

- una botella de plástico de 50 cl
- arroz
- un cuchillo plano (o un palo plano, como el de un helado o lo que usan los médicos para explorar nuestra garganta)

¿CÓMO LO HACEMOS?

[1] Rellena media botella de arroz y hunde el cuchillo o el palo plano, de modo que medio cuchillo quede cubierto de arroz, y la otra mitad sobresalga ligeramente por la boca.

[2] Sacude la botella para compactar el arroz. Sigue rellenando el espacio que queda en la botella con arroz, apretando y golpeando suavemente la base de la botella con la mesa para compactar el arroz.

[3] Una vez la botella esté llena de arroz, coge el cuchillo o el palo que sobresale por la boca de la botella y tira hacia arriba, con la intención de extraerlo. Observa lo que sucede.

¿QUÉ Y POR QUÉ HA PASADO?

Si el arroz está suficientemente compactado, la fricción entre las superficies del arroz y el cuchillo (o el palo) será suficientemente elevada como para poder compensar el peso de la botella. Al tirar del cuchillo hacia arriba, la fuerza de fricción de los numerosos granos de arroz hará que no se desplace y se levante junto con la botella. A escala atómica, la interacción entre los millones de millones de millones de partículas atómicas acaba generando una fuerza de rozamiento que es capaz de frenar y dificultar el movimiento de los objetos.

Frenos

La fuerza de fricción dificulta el movimiento, y a menudo se quiere evitar. A veces, sin embargo, la fricción es necesaria y esencial, por ejemplo para detener la bicicleta (un vehículo) cuando frenamos, y evitar así alcanzar velocidades descontroladas que puedan generar algún accidente. La fuerza de rozamiento disipa la energía de un cuerpo, y le reduce la energía cinética.

¿QUÉ QUEREMOS DEMOSTRAR?

Que la fuerza de fricción se opone al movimiento y frena los cuerpos.

¿QUÉ NECESITAMOS?

- una caja de cerillas vacía
- hilo
- un trozo de cerilla

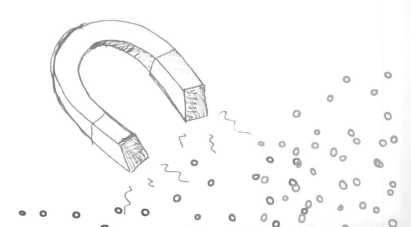

Corta una cerilla de modo que encaje exactamente a la anchura de una caja de cerillas, y fíjalo en los extremos de la caja (puedes hacerlo a presión). Haz dos pequeños orificios en la parte superior e inferior de la caja de cerillas; haz pasar el hilo por estos orificios, y por encima de la cerilla, como indica la figura [1].

Cuelga el hilo por su parte superior, y tira de él por la parte inferior. [2] Afloja el hilo y [3] tira de él, y observa lo que sucede.

¡Se cae!

Mucha fricción ¡Se frena!

Cuando tiras del hilo, éste presiona el trozo de madera de la cerilla, incrementando su fricción. Actúa como un freno, y la caja de cerillas deja de deslizarse hacia abajo. Cuando aflojas el hilo, éste comprime con menos fuerza la cerilla, la fuerza de fricción disminuye y la caja de cerillas inicia nuevamente su movimiento de descenso.

Si haces esta construcción con un hilo muy largo, después de que la caja de cerillas haya descendido un buen trozo comprueba que el hilo se ha calentado un poco. Esto es así porque la fricción disipa energía en forma de calor. Para acabar de redondear este experimento, puedes dibujar o pegar en la tapa de la caja de cerillas un dibujo, como una araña o un escalador.

La fuerza de lo dulce

Según la segunda ley de Newton, cuando sobre un cuerpo actúa una fuerza, éste experimenta una aceleración que lo hace avanzar en un movimiento rectilíneo. En ciertos movimientos, sin embargo, la fuerza que actúa sobre un cuerpo le genera un cambio en su trayectoria rectilínea, forzándolo a describir una trayectoria circular. Entonces la aceleración que recibe el cuerpo se denomina *aceleración centrípeta*.

¿QUÉ QUEREMOS DEMOSTRAR?

La existencia de la aceleración centrípeta.

¿QUÉ NECESITAMOS?

- un bote de yogur
- hilo resistente
- piedras
- un tubo de plástico (de un bolígrafo, por ejemplo)
- un caramelo grande

[1] Haz un asa en un bote de yogur vacío con el hilo, como indica la figura. Esta asa átala al hilo de aproximadamente 1 metro de longitud.

[2] Haz pasar el hilo por el tubo de plástico. En el otro extremo, ata el caramelo, de forma que consigamos el montaje de la figura. Pon unas piedras dentro del bote de yogur. Observarás que, si lo dejas ir, éste se cae.

[3] Empuña el tubo de plástico, y comienza a moverlo de forma que el caramelo inicie un movimiento circular. Ve regulando la velocidad de giro, y observa lo que le pasa al bote de yogur.

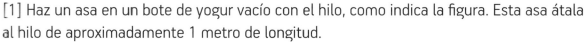

¿QUÉ Y POR QUÉ HA PASADO?

Al dar el empujón inicial al caramelo, éste inicia un movimiento rectilíneo, pero enseguida la cuerda a la que se encuentra atado la tira hacia el centro: la fuerza de la cuerda, llamada *tensión*, genera al caramelo una aceleración hacia el centro de giro que le hace cambiar la trayectoria, pasando de movimiento rectilíneo a circular. Es importante destacar que el caramelo tiene tendencia siempre a seguir en un movimiento rectilíneo, tangente a la trayectoria circular, pero la tensión del hilo le ejerce una fuerza hacia el centro de la trayectoria, que hace que describa una circunferencia. Cuanto más despacio gire el caramelo, menor es la fuerza tensión del hilo y, por lo tanto, la fuerza peso de las piedras dentro del bote de yogur será superior a la tensión. Entonces el caramelo tiende a ir reduciendo el radio de giro y cayendo empujado por el peso de las piedras. Si hacemos girar muy rápido el caramelo, la tensión será mayor que el peso de las piedras, y tenderá a incrementar su radio. En el punto en el que el caramelo gire en un radio constante, podemos decir que la tensión y el peso de las piedras están compensados.

¡Vaya leche!

La aceleración centrípeta es la responsable de que los satélites y los planetas puedan orbitar alrededor de otro planeta o del Sol, y de que no caigamos hacia abajo en los *loopings* de los parques de atracciones.

¿QUÉ QUEREMOS DEMOSTRAR?

Que la existencia de la fuerza centrípeta es la responsable de que los cuerpos no caigan cuando giran, y que la fuerza centrífuga, por lo tanto, no existe.

¿QUÉ NECESITAMOS?

- un trozo de cartón duro o de madera
- cuatro cordeles de unos 70-80 cm
- un vaso lleno de leche (también sirve agua)

[1] Recorta el cartón o el trozo de madera de forma que consigas una plataforma circular o cuadrada, de unos 25 cm de diámetro. Haz cuatro orificios cerca de los bordes, de forma que queden equidistantes. Haz pasar los hilos por estos agujeros, y fíjalos haciendo un nudo por la parte de abajo, como muestra la figura. Deja que por encima del nudo de los cuatro hilos sobre medio metro de hilo. Es importante que al sujetar la plataforma por la parte superior ésta quede horizontal.

[2] Coloca sobre la plataforma un vaso lleno de leche.

[3] Sin miedo, da impulso a la plataforma de modo que inicie un movimiento circular vertical, y

[4] observa lo que sucede.

¿QUÉ Y POR QUÉ HA PASADO? 🔍

En el punto más alto de la trayectoria, el vaso de leche se encuentra boca abajo, y la gravedad tiende a hacer caer la leche. Pero al tener una cierta velocidad, el vaso tiende a seguir en un movimiento rectilíneo. La plataforma inicia un arco de circunferencia al estar atada por los cordeles y actúa la tensión de los hilos tirando hacia el centro de giro a la plataforma. Entonces detiene el movimiento rectilíneo del vaso de leche, acompañándolo a describir este giro. El vaso ejerce una fuerza contra la plataforma, ya que ésta se curva mientras que el vaso tiende a seguir en línea recta. La leche no se cae, y evitamos así ¡la gran leche! Sin embargo, si vas aflojando la velocidad de giro, llegará un momento en el que la tensión del hilo no podrá hacer girar la plataforma y no podrá detener el movimiento rectilíneo de la leche. Entonces podremos decir "¡vaya leche!", ya que el vaso caerá hacia el suelo. Ésta es también la explicación por la que los satélites, si tienen una velocidad adecuada, pueden orbitar a diferentes alturas de un planeta.

¿Plomo o pluma?

La Tierra, como cualquier cuerpo, genera a su alrededor un campo gravitatorio, el cual ejerce una fuerza de atracción sobre los cuerpos de su alrededor. Esta fuerza gravitatoria es la que hace que los cuerpos se caigan al suelo. La fuerza gravitatoria, sin embargo, genera la misma aceleración sobre todos los cuerpos, independientemente de su masa.

¿QUÉ QUEREMOS DEMOSTRAR?

Que la caída de los cuerpos no depende de su masa, sino de su resistencia aerodinámica.

¿QUÉ NECESITAMOS?

- una bola de plomo (o un martillo)
- una pluma de ave
- dos fiambreras o botes de plástico transparente idénticos
- dos papeles de periódico del mismo tamaño

Deja caer desde una altura determinada y de forma simultánea la pluma de ave y el trozo de plomo, que en sustitución puede ser, por ejemplo, un martillo (coloca en el suelo una almohada para que el impacto del martillo no lo dañe). Observa quién llega primero al suelo. [1] Introduce la pluma y la bola de plomo cada una en una fiambrera, y repite la operación. [2] Observa quién llega antes al suelo.

De forma análoga, deja caer dos hojas de periódico y comprueba cuál llega antes al suelo. Repítelo varias veces si tienes alguna duda. Repite el mismo proceso, pero ahora haz una bola con una de las hojas de periódico. ¿Quién llega antes al suelo: la bola o la hoja de papel?

La aceleración de la gravedad es la misma tanto para la bola de plomo (o martillo) como para la pluma o el papel de periódico. Esto quiere decir que aceleran con el mismo valor, en la superficie de la Tierra unos 9,8 m/s^2, y que deberían llegar al suelo simultáneamente si no hubiera fricción, o bien si la fricción fuera la misma para la pluma, el plomo (o martillo) y las dos hojas de periódico. Al dejar caer el plomo y la pluma en el primer experimento, la fuerza de rozamiento aerodinámica de la pluma es superior a la del martillo y, por lo tanto, el aire frena la caída de la pluma. Por ello el martillo llega antes al suelo. Cuando se dejan caer simultáneamente pero dentro de la fiambrera, la resistencia aerodinámica es la misma para las dos fiambreras, aunque la que contiene el martillo tenga más masa que la que contiene la pluma. La llegada al suelo es simultánea, ya que la aceleración de la gravedad es la misma para los dos cuerpos, independientemente de la masa de los mismos. En el caso del papel de periódico pasa exactamente lo mismo. Tanto la bola como la hoja de papel tienen la misma masa, pero la bola de papel presenta menos resistencia, por lo que llega antes al suelo.

Rodillo obediente

La energía es, seguramente, uno de los conceptos de la física más abstractos, más difíciles de entender, aunque intuitivamente podemos tener una idea de lo que es la energía. Hay quien define la energía como aquella capacidad que tienen los cuerpos para desarrollar un trabajo. Esta energía presenta diferentes manifestaciones en los cuerpos, pero siempre se conserva, es decir, ni se crea ni se destruye en los procesos físicos y químicos; se transforma.

En este experimento se pone de manifiesto la transformación de la energía cinética, asociada a la velocidad de un objeto, en energía potencial elástica, que es la que presentan las gomas elásticas o los muelles cuando se extienden o se comprimen.

¿QUÉ QUEREMOS DEMOSTRAR?

La transformación de energía cinética de un rodillo en energía potencial elástica, y viceversa.

¿QUÉ NECESITAMOS?

- una botella pequeña de plástico
- un palillo
- una goma elástica
- tres tuercas metálicas
- un punzón
- un trozo de alambre

[1] Con la ayuda del punzón, agujerea la base de la botella, y el tapón.

[2] Pasa las tres tuercas metálicas por la goma elástica, y [3] haz un nudo con ésta, de forma que queden aproximadamente centradas en la goma.

[4] Con la ayuda del alambre, atraviesa un extremo de la goma elástica por el orificio de la base de la botella. Antes de sacarlo por la boca de la botella, fija la posición de la goma con un trozo de palillo, como muestra la figura. Pasa la goma por el tapón de la botella, fija este extremo con un trozo de palillo, y rosca el tapón en la botella. Tienes construido tu rodillo.

[5] Ahora es necesario que compruebes si es obediente. Arrójalo rodando por el suelo, con fuerza. [6] Observa lo que sucede.

¿QUÉ Y POR QUÉ HA PASADO?

Al lanzar la botella rodando adquiere energía cinética. La goma elástica, al estar fijada por los dos extremos, no gira, mientras sí lo hacen las tuercas que hay en el interior de la botella. Esto hace que la goma se vaya atornillando y adquiriendo energía potencial elástica, que proviene de la disminución de la energía cinética del rodillo. Cuando la botella se detenga ya no tendrá energía cinética, y buena parte de ésta habrá cargado de energía potencial elástica la goma. Cuando la goma se desenrolle, el rodillo comenzará a adquirir energía cinética nuevamente, iniciando un movimiento de retorno de nuevo hacia tu posición.

La energía cinética no se transforma íntegramente en potencial, sino que una parte de la energía también se transforma en calor debido al rozamiento con el suelo y el aire, en ruido (al mover las moléculas del aire), etc.

Rodillo a cuerda

La energía potencial gravitatoria se puede transformar en energía cinética, y dar así impulso y movimiento a objetos. Es lo que sucede con algunos juguetes que funcionan con cuerda, o en algunos coches de juguete que se mueven solos una vez impulsamos sus ruedas hacia atrás.

¿QUÉ QUEREMOS DEMOSTRAR?

Que la energía potencial se transforma en cinética.

¿QUÉ NECESITAMOS?

- dos vasos de cartón de 125 ml con la tapa de plástico (como el de algunos restaurantes conocidos de comida rápida)
- dos gomas elásticas
- dos arandelas
- un clip
- una caña de refresco
- un trocito de tubito de plástico (o dos tuercas)
- tijeras
- cinta

¿CÓMO LO HACEMOS?

[1] Corta la base de los dos vasos, y únelos con la cinta, de forma que queden como muestra la figura. Une las dos gomas, y pásalas por el interior de los dos vasos y por las tapas de los mismos.

[2] En una de las tapas, fija la goma con un clip (pon primero la arandela).

[3] En el otro extremo, pon primero la arandela, luego el tubito (o las dos tuercas) y seguidamente la caña, aproximadamente a 1/3 del extremo. Fíjate en los pasos que indica el dibujo.

[4] Da unas cuantas vueltas a la caña, [5] y al terminar deja el rodillo en el suelo.

¿QUÉ Y POR QUÉ HA PASADO?

Al dar vueltas a la cañita la goma elástica se atornilla, y adquiere energía potencial elástica. Al dejar el rodillo en el suelo, la goma se desenrosca y al tocar el suelo una parte de la caña, la energía de la caña se transmite a los vasos, que inician un movimiento recto; adquieren, por lo tanto, energía cinética. Parte de esta energía cinética proviene de la energía potencial elástica de la goma.

Péndulo simple (I)

Un péndulo simple es un objeto con una determinada masa atado a un hilo largo y fino de una masa que podemos despreciar. Al colgar el hilo de un punto fijo, la masa del péndulo puede oscilar alrededor de un punto de equilibrio, describiendo un movimiento periódico en torno a este punto, que es el de equilibrio. En el péndulo simple, parte de la energía potencial gravitatoria se transforma en cinética, y la otra parte se disipa en forma de calor y rozamiento con el aire.

¿QUÉ QUEREMOS DEMOSTRAR?

Las transformaciones de la energía cinética y potencial gravitatoria en el movimiento de un péndulo simple, y la disipación de la energía en este movimiento.

¿QUÉ NECESITAMOS?

- un taco grande de plastilina
- un hilo delgado (de pescar, por ejemplo)
- un soporte de laboratorio
- una regla y un cronómetro

[1] Haz una bola con la plastilina, y pasa a través de su diámetro el hilo. Haz un nudo en la parte inferior del hilo, para evitar que la bola de plastilina se escape. Deja aproximadamente un metro de longitud entre la bola de plastilina y el final del hilo. Ata el extremo del hilo en un soporte de laboratorio. Ya tienes tu péndulo simple.

Separa el péndulo del punto de equilibrio, y suéltalo, y comprueba si después de una oscilación llega a la misma altura desde donde la has lanzado.

[2] [3] Para visualizar mejor esto, colócate delante del péndulo y acerca tu barbilla a la bola del péndulo. Asegúrate de que el péndulo esté tocando tu barbilla antes de soltarlo. Con cuidado, suéltalo y espera que retorne. Es importante que cuando lo sueltes no le des ningún impulso adicional. No te muevas de tu posición, y espera a que el péndulo retorne a tu barbilla. Si no te fías, cierra los ojos...

¿QUÉ Y POR QUÉ HA PASADO?

Si has soltado el péndulo sin darle ningún empuje, comprobarás que se acerca mucho a tu barbilla, pero nunca la toca de nuevo. Es decir, nunca vuelve a la posición (la altura) desde la que lo has lanzado inicialmente. Esto es así porque parte de la energía potencial gravitatoria que tiene el péndulo asociada a la altura se disipa en su movimiento. El péndulo tiene que apartar las moléculas del aire que tiene delante suyo, que le dan velocidad (energía cinética) y calor en el choque, las cuales provienen de la energía potencial del péndulo. Esto hace que no toda la energía potencial inicial sea exactamente la misma en todas las posiciones, sino que una parte se transforme como consecuencia del rozamiento con el aire. Por lo tanto, la energía final, cuando regresa a la barbilla, no es la misma que tenía al comienzo, y, por lo tanto, el péndulo nunca alcanza la altura inicial.

Péndulo simple (II)

En un péndulo simple teórico, en el que no haya rozamiento con el aire, la transformación de la energía potencial gravitatoria en cinética, y viceversa, a lo largo de su oscilación se hace de forma íntegra, es decir, no se disipa energía. Esto hace que un péndulo simple presente unas propiedades curiosas.

¿QUÉ QUEREMOS DEMOSTRAR?

Que el periodo de un péndulo sólo depende de la longitud del hilo del que cuelga.

¿QUÉ NECESITAMOS?

- un taco grande de plastilina
- un hilo delgado (de pescar, por ejemplo)
- un soporte de laboratorio
- una regla y un cronómetro

Como en el experimento anterior, construye un péndulo de una longitud de 1 m y cuélgalo del soporte. Te proponemos que estudies su movimiento en dos experimentos:

a) Separa un poco el péndulo, y déjalo ir. Espera que regrese nuevamente a la posición inicial, y anota el tiempo que ha tardado con la ayuda del cronómetro. Repite la operación pero para separaciones cada vez mayores.

b) Fija la posición de lanzamiento, desde donde dejarás ir el péndulo, y mide el tiempo que tarda en realizar una oscilación completa, esto es, el *periodo*. Repite la operación, pero por diferentes longitudes del hilo, cada vez más cortas: 1 m, 80 cm, 60 cm, 40 cm, 20 cm.

¿QUÉ Y POR QUÉ HA PASADO?

En el experimento *a*) observarás que el péndulo adquiere la mayor velocidad (energía cinética) cuando pasa por el punto de equilibrio, que es donde tiene menos altura y, por lo tanto, menos energía potencial gravitatoria. Cuanto más alto esté donde lo sueltes, más energía potencial tendrá y, por lo tanto, la energía cinética que adoptará será mayor en el punto de equilibrio. En cambio, si lo dejas ir desde una altura pequeña, la velocidad será menor porque será también menor la energía cinética. El tiempo total en recorrer la oscilación será en ambos casos la misma. A mayor altura mayor velocidad, y aunque el recorrido sea mayor, la velocidad también lo es. A menor altura, menor distancia a recorrer, pero también menor velocidad para realizar este recorrido. El periodo de oscilación de un péndulo simple no depende de la posición inicial desde donde lo lances, ya que la transformación entre energía potencial (altura) y energía cinética (velocidad) hace que el tiempo que tarda el péndulo en recorrer el espacio de oscilación sea el mismo.

En el experimento *b*) comprobarás que cuanto más corto es el hilo, más pequeño es el tiempo que tarda el péndulo en hacer una oscilación. El periodo del péndulo simple sólo depende de la longitud del mismo.

Coles indicadoras

Una de las muchas propiedades con las que se pueden clasificar las sustancias que nos rodean es si son ácidos o bases. La definición de ácido y base no es sencilla. Podríamos decir, sin embargo, que una sustancia es ácida cuando al disolverla en agua da cationes hidrógeno, mientras que una base (o alcalina) cede al medio acuoso un determinado tipo de aniones (cargas negativas). La denominada *escala del pH* cuantifica el grado de acidez o basicidad de las sustancias. Esta escala va de 0 a 14, indicando el 0 mucha acidez, y 14 mucha basicidad. El pH neutro es el 7. Para saber si una sustancia es ácida o base se utilizan los denominados *indicadores*. Con col lombarda se puede fabricar uno.

¿QUÉ QUEREMOS DEMOSTRAR?

Determinar cualitativamente la basicidad y acidez de algunas sustancias a partir de una col lombarda.

¿QUÉ NECESITAMOS?

- una col lombarda
- una olla con agua
- diferentes sustancias ácidas (por ejemplo, zumo de naranja, vinagre) y básicas (por ejemplo, bicarbonato diluido en agua)

¿CÓMO LO HACEMOS?

[1] En una cazuela con agua pon a hervir las hojas de la col. Deja unos minutos que hierva, y apaga el fuego. [2] Entonces filtra el jugo disuelto en el agua. Este líquido de un color morado tirando a azul será nuestro indicador del pH. Echa un buen chorrito en un vaso de zumo de naranja. Observa lo que sucede. Tira ahora un chorrito en un vaso con bicarbonato diluido en agua, y observa lo que sucede. Experimenta con otras substancias, como vinagre, alcohol, etc.

[3] En una segunda parte de este experimento, ve vertiendo poco a poco en otro vaso con zumo de naranja un chorrito de indicador, hasta que se convierta en rojo. A continuación ve echándole una disolución de agua y bicarbonato, y observa lo que sucede.

¿QUÉ Y POR QUÉ HA PASADO?

El indicador obtenido a partir de la col lombarda reacciona con las sustancias ácidas, cambiando el color de éstas a tonalidades rojas, y azules cuando se trata de sustancias básicas. Así pues, el vaso de zumo de naranja cambia a color rojo, mientras que el de bicarbonato a azul. En la segunda parte del experimento, al ir tirando bicarbonato diluido en agua (base) en el zumo de naranja (ácido) llegará un momento en que las dos sustancias se neutralizarán, y si sigues vertiendo bicarbonato convertirás el contenido del vaso en base. Entonces habrás pasado de color rojo a azul.

Extintor de CO$_2$

Uno de los productos que se liberan al reaccionar un ácido con una base es el dióxido de carbono (CO$_2$), un gas presente en la atmósfera, formado también en las reacciones de combustión.

¿QUÉ QUEREMOS DEMOSTRAR?

Que en una reacción entre un ácido y una base se libera CO$_2$.

¿QUÉ NECESITAMOS?

- vinagre
- bicarbonato de sodio
- una botella pequeña vacía
- una vela
- un mechero

¿CÓMO LO HACEMOS?

[1] Con la ayuda de un punzón o unas tijeras, haz un agujero en el tapón de la botella, como indica el dibujo.

[2] Introduce en una botella pequeña un par de cucharadas de bicarbonato de sodio, y aproximadamente un tercio de vinagre. Enrosca el tapón.

[3] Enciende la vela, e inclina la botella, como si quisieras vaciar el contenido sobre la vela pero sin llegar a hacerlo. [4] Observa lo que sucede.

¿QUÉ Y POR QUÉ HA PASADO?

El vinagre es un ácido, y el bicarbonato de sodio una base. Al reaccionar libera dióxido de carbono. Este gas cae sobre la llama de la vela, ya que es más pesado que el aire, y la apaga al desplazar el oxígeno necesario para la combustión. Puedes probar a poner varias velas escalonadas en cajas, y tirar el CO_2 producido en la reacción sobre la vela superior. Observarás que progresivamente se van apagando las velas situadas en los escalones inferiores, a medida que el CO_2 se va cayendo.

Cohetes de vinagre

Cuando el CO_2 liberado en una reacción ácido-base queda confinado en un volumen cerrado, la presión del interior de este recipiente aumenta, hasta el punto que puede explotar. Esta propiedad es la que se usa para diseñar cohetes impulsados por vinagre.

¿QUÉ QUEREMOS DEMOSTRAR?

Que en una reacción entre un ácido y una base se libera CO_2, y la ley de acción y reacción (tercera ley de Newton).

¿QUÉ NECESITAMOS?

- una botella de 1,5 litros de plástico
- vinagre
- bicarbonato
- un tapón de corcho de cava

¿CÓMO LO HACEMOS?

[1] Con la ayuda de un cuchillo, rebaja el tapón de corcho de cava de manera que sea un tapón cilíndrico que encaje a presión en la boca de la botella de plástico, como indica el dibujo.

[2] Tira 5 o 6 cucharadas de bicarbonato de sodio en el interior de la botella, y aproximadamente la mitad de vinagre. Pon rápidamente el tapón de corcho, presionándolo para que quede bien ajustado.

[3] Da la vuelta a la botella y sitúala sobre un soporte (puede ser, por ejemplo, una maceta) de forma que el fondo de la botella apunte hacia el cenit. Espera unos instantes, y observa lo que sucede.

¿QUÉ Y POR QUÉ HA PASADO?

El CO_2 liberado en la reacción, al quedar retenido en la botella, hace aumentar la presión interna de la misma, hasta el punto de que el tapón de corcho es expulsado hacia afuera por la fuerza del CO_2 interno. Entonces el vinagre con el bicarbonato disuelto son expulsados hacia el exterior a gran velocidad. La reacción a esta fuerza es una de idéntica pero en sentido contrario, es decir, que la botella es impulsada verticalmente hacia arriba. Es, como ya debes saber después de experimentar las fuerzas, la tercera ley de Newton o ley de acción-reacción.

JORDI MAZÓN

Doctor en Ciencias por la UPC. Físico y máster en Climatología Aplicada por la UB. Profesor de universidad y de secundaria en el bachillerato internacional. Autor de unos veinte artículos científicos y de una docena de libros de divulgación científica, entre ellos *100 preguntas de física: por qué vuelan los aviones de papel, y por qué vuelan los de verdad* (Lectio, 2013) y *Un submarino de aire, y otros experimentos* (Lectio, 2014). Ha impartido y coordinado varios cursos y seminarios de formación del profesorado de primaria y secundaria en el ámbito de la física, basados en la experimentación.

Primera edición: febrero de 2016

© del texto: Jordi Mazón Bueso

© de los dibujos: Raquel Garcia Ulldemolins

© de la edición: 9 Grupo Editorial / Lectio Ediciones
C/ Muntaner, 200, ático 8a – 08036 Barcelona. Tel. 977 60 25 91 – 93 363 08 23
lectio@lectio.es – www.lectio.es

Disseño y composición: Imatge-9, SL

Impresión: Leitzaran Grafikak

ISBN: 978-84-16012-64-0

DL T 41-2016